M. D'ALAIS

CURÉ DE PARAY-LE-MONIAL

NÉCROLOGIE

M. D'ALAIS

CURÉ DE PARAY-LE-MONIAL

SA VIE ET SES DERNIERS MOMENTS

Par M. F. CUCHERAT,

AUMONIER DE L'HOPITAL DE PARAY

AUTUN
IMPRIMERIE DEJUSSIEU PÈRE ET FILS
1880

Mon Père, que votre volonté, et non la mienne, soit faite. (Luc. XXII, 13.)

Heureux les morts qui meurent dans le Seigneur. (Apoc. XLV, 13.)

Souvenez-vous de vos pasteurs qui vous ont prêché la parole de Dieu ; et, considérant quelle a été la fin de leur vie, imitez leur foi. (Hebr. XIII, 7.)

NÉCROLOGIE

M. GABRIEL-ADOLPHE VIAL D'ALAIS

CURÉ DE PARAY-LE-MONIAL

Dieu a fait à chacun de nous ici-bas une destinée providentielle; et notre honneur comme notre salut consistent à la connaître, à l'aimer et à la suivre. Ce principe est l'explication et a été la règle de toute la vie de M. Gabriel-Adolphe Vial d'Alais, né à Paray-le-Monial le 12 décembre 1805, et décédé en cette ville le 19 février 1880, curé-archiprêtre de l'insigne basilique et premier doyen de la collégiale du Sacré-Cœur.

Sa famille paternelle était ancienne à Paray. Je trouve dans la charte de fondation de l'église de Saint-Nicolas, du 21 mai 1504, M. « Grégoire Vial, bourgeois de Paray, » parmi les promoteurs de cette œuvre sainte et patriotique; et aux vieux registres conservés à la mairie, on trouve, le 21 mai 1738 et le 3 février 1739, la trace des liens intimes qui unissaient M. « Samson Vial, conseiller de France à Dijon, » avec MM. Gravier qui ont donné au roi martyr un de ses plus célèbres ministres, le comte Gravier de Vergennes.

La mère de M. d'Alais était une fille de M. Baudinot, de la maison des seigneurs de Selore et de Lyonne. Plusieurs dames ou demoiselles de cette illustre maison avaient confié au vénérable père de la Colombière la direction de leurs âmes ; et l'on a encore les lettres intéressantes qu'il leur adressait d'Angleterre, dans l'intervalle de ses deux séjours à Paray.

Je devais m'attacher à ces circonstances en apparence mondaines, parce qu'elles préparent à comprendre et à suivre la douce et salutaire mission de celui que nous avons tant sujet de pleurer. Dieu l'avait destiné et le réservait aux grandes et incomparables manifestations du culte de son Cœur. Sa naissance et sa vie entière devaient l'y préparer.

Des genoux de sa sainte mère, il fut envoyé aux moines, c'est-à-dire au cloître des Bénédictins, où les débris de nos anciennes Visitandines s'étaient réunis après la tempête, en attendant qu'elles pussent rentrer dans leur propre maison, ce qui n'eut lieu qu'en 1821. Ce sont ces dignes filles de saint François de Sales, il aimait à le rappeler, qui lui ont appris à lire et lui ont donné les leçons proportionnées au premier âge. Il a toute sa vie gardé un particulier souvenir des deux sœurs de Paray qui ont conservé à cette cité le corps sacré de notre Bienheureuse, savoir : Mme Rose de Carmoy et sœur Marie-Thérèse Petit, sœur du brave général et l'une des trois miraculées, dont le nom figure dans le décret apostolique sur les miracles de Marguerite-Marie.

Le jeune enfant entra ensuite au collége sous le vertueux M. Barthélemy père, dont la maison est aujourd'hui enclavée dans le monastère de la Visitation, à côté de la grande porte dont tant de pèlerins ont eu la consolation de franchir processionnellement le seuil en 1873.

En 1817, il était conduit par ses parents au petit séminaire d'Autun ; mais il y fut peu de temps, le roi Louis XVIII lui ayant accordé une place à la maîtrise royale de Saint-Denis, où il termina ses études secondaires.

Il entrait ensuite au séminaire de Saint-Sulpice à Paris et s'y rencontrait avec des condisciples qui ont, plus tard, honoré l'épiscopat. Qu'il me suffise de nommer Mgr Chalendon, décédé archevêque d'Aix, et l'illustre évêque d'Orléans, Mgr Dupanloup. Avec sa naissance, son esprit et ses talents naturels incontestés ; avec les influences qui l'avaient conduit à Saint-Denis, il devait, selon toute apparence, arriver aux mêmes honneurs. Il fut même question de lui pour l'évêché de Moulins, à la mort de Mgr de Pons. Dieu avait d'autres vues sur lui, et lui-même n'avait d'autres aspirations que la volonté de Dieu : *Spiritus Domini ductor ejus fuit.* (1)

La révolution de 1830 l'ayant chassé de Saint-Sulpice, il profita de cette douloureuse circonstance pour aller se fixer dans la grande Rome et y achever ses études théologiques. Il y reçut tous ses ordres jusqu'à la prêtrise.

Pendant les trois ou quatre ans qu'il y passa, son temps était partagé entre les études et les voyages instructifs. Ce qui ne contribuait pas peu à le former à son rôle providentiel, encore non soupçonné, c'était d'être admis dans les salons du cardinal Fesch et de Mme Letitia, mère des Napoléons. Il y rencontrait les Eminences et les personnages les plus distingués de l'aristocratie romaine. C'est bien là qu'il se perfectionnait dans cette noble tenue et politesse parfaite, que tant d'illustres prélats et de personnages du siècle ont pu admirer ici.

Chose étrange ! Dans ce milieu si éblouissant, M. l'abbé d'Alais n'avait qu'une ambition, ne faisait qu'un rêve : c'était de revoir la patrie et de venir s'enfouir tout entier dans une solitude ignorée, à l'ombre de la cité du Sacré-Cœur, qui lui était plus chère à ce titre, que parce qu'il y était né. Et nous l'avons vu dans le petit village de Volesvres cultiver les âmes des enfants et des pauvres gens de la campagne, faire servir à leur bien et utilité les sérieuses études médicales qu'il avait faites, cultiver la terre sans craindre de mettre la main à la charrue ; avec cela, hospitalier envers ses confrères, et faisant les délices de la société au milieu de laquelle il était né, et

1. Isaïe, LXIII, 14.

venant souvent s'agenouiller pieusement aux grands sanctuaires de son baptême et des divines apparitions.

Mgr d'Héricourt regardant comme un devoir d'arracher M. l'abbé d'Alais à ce repos édifiant, utile et studieux que Dieu lui avait fait, le nomma curé de Charolles. M. l'abbé d'Alais dut se résigner, et le fit de bonne grâce. Sachant se faire tout à tous, il laisse à la campagne ce qui était de la campagne, et n'apporte à la ville dont le salut lui était confié que ses qualités éminentes, ses habitudes de distinction, son zèle et ses lumières.

M. d'Alais remplit à Charolles tous les devoirs d'un bon pasteur ; mais il eut le bonheur d'y réaliser un bien spécial et merveilleux que je dois mentionner et que personne ne démentira : personne aussi, je l'espère, ne m'en voudra de cette révélation honorable pour tous. La population de Charolles était bonne ; il y avait des habitudes de piété et de charité, parmi les dames de la classe dirigeante, comme l'on dit aujourd'hui. Mais les messieurs étaient généralement quelque peu prêtrophobes. Le jeune curé alla au devant de ces brebis égarées ; il aimait à les visiter toutes individuellement ; les plus prévenus contre la soutane furent bientôt subjugués par la distinction, l'instruction et le langage du nouveau pasteur. On fut flatté de l'avoir au cercle ; et sa supériorité sous tous rapports eut bientôt chassé l'aversion instinctive du prêtre et du religieux, et produit à la place cette politesse et aménité qui distingue aujourd'hui la classe lettrée de Charolles.

Les succès de M. d'Alais à Charolles jetèrent bientôt tant d'éclat, que Mgr d'Héricourt voulut jouir lui-même et faire profiter tout le diocèse des éminentes qualités et du mérite personnel dont on avait tant de preuves. Il l'appela à l'évêché et en fit son commensal et son grand vicaire aux applaudissements de tous. C'est là qu'un soir le grand vicaire, obligé de se retirer et demandant à Sa Grandeur la permission d'emporter, pour y voir, une des bougies qui éclairaient le salon, reçut cette flatteuse réponse : « Monsieur d'Alais, toutes les fois que vous » vous éloignez, vous emportez une de nos lumières. »

M. d'Alais se retrouvait sur la voie de l'épiscopat, et Mgr d'Héricourt pensait à l'y pousser. Mais Dieu avait d'autres desseins sur lui ; il le voulait dans une autre carrière et sur un théâtre plus petit en apparence, non moins éclatant, dans les desseins de Dieu, que l'administration d'un beau diocèse. Dieu le réservait pour les jours que nous avons vus depuis dix ans. Dans le plan divin, M. d'Alais devait passer sa vie et finir glorieusement ses jours au service du culte de la Bienheureuse, dont les sœurs avaient été ses premières institutrices, et du Sacré-Cœur de Jésus qui avait besoin dans cette ville, en ces dernières années, d'un prêtre aussi bien doué que lui.

C'est pourquoi, en 1846, et par suite de circonstances impérieuses comme la voix des prophètes, le grand vicaire de Mgr d'Héricourt quittait le palais épiscopal d'Autun et devenait archiprêtre de Paray-le-Monial.

C'était avec joie que M. d'Alais quittait l'administration diocésaine pour rentrer dans cette vie pastorale, généralement plus modeste, dont il avait vécu à Volesvres et à Charolles. Il savait pourtant mieux que personne la rude charge et l'immense responsabilité qu'il assumait en devenant le pasteur de sa ville natale.

Si le Brionnais était l'Eden du diocèse d'Autun, Paray était demeuré la pierre précieuse de toute la contrée. Il devait ce bonheur aux bénédictions du Sacré-Cœur, à la protection de la bienheureuse Marguerite-Marie, et ensuite aux vertus et au zèle sage et constant de ses pasteurs, si bien secondés par la classe élevée, si justement respectés par la classe moyenne et si religieusement écoutés et suivis par le peuple.

La valeur chrétienne de la paroisse de Paray était connue et célébrée dans tout le diocèse et bien plus loin encore. On pouvait lui appliquer la parole de l'Apôtre : « Fides vestra annun- » tiatur in universo mundo (1) » ; à tel point que Mgr d'Hé-

---

1. Rom. I, 8.

ricourt, en nommant vicaire de Paray M. l'abbé Châtillon, qui exerçait depuis quelques années le même ministère à Chalon-sur-Saône, pouvait lui écrire ceci : « Ne regardez pas votre » nomination à Paray comme une disgrâce ; je prétends, au » contraire, vous élever et vous récompenser par le choix que » je fais de vous pour ce poste. »

J'ai dit qu'en devenant curé de Paray M. d'Alais avait accepté une lourde charge. Cela est vrai ; il se condamnait à des courses journalières à la campagne, pour visiter les malades et les moribonds, qui presque tous réclamaient M. le curé, soit à cause des conseils hygiéniques qu'il était à même de leur donner, soit à cause des secours qu'ils étaient sûrs d'en recevoir; et jamais M. d'Alais ne s'est refusé à leurs désirs et ne leur a envoyé quelqu'un à sa place que dans le cas d'extrême empêchement. D'un autre côté, c'était quelque chose de plus pénible encore, que les séances longues et multipliées du confessionnal. La sainte table était aussi fréquentée alors qu'aujourd'hui ; et il n'y avait pour entendre les confessions que M. le curé, deux vicaires et deux aumôniers. Or, plus de la moitié de la besogne totale retombait sur le chef du troupeau. Et tout le monde sait ici combien M. d'Alais a été fidèle jusqu'à la fin à ce poste d'honneur et de paix.

J'ai parlé aussi d'une grande responsabilité. Dans toute situation, c'est le caractère le plus saillant de l'exercice du ministère pastoral, qui est l'art des arts : « Ars artium regimen animarum. » Cela est plus vrai encore, en proportion de la bonté et moralité des paroisses. On dit qu'il est ordinairement plus difficile de les conserver intactes que de les convertir, à cause de l'inconstance naturelle et de la misère humaine. Or, nous venons de voir ce qu'était la paroisse de Paray quand M. d'Alais en est devenu le pasteur.

On a dit que M. d'Alais a dépensé un assez joli patrimoine au service des pauvres et en œuvres pies. Cela ne dit pas assez. Il s'est dépensé lui-même tout entier et pour tous. Il pouvait bien dire comme l'Apôtre des nations : « Ego autem

» libentissime impendam et superimpendar ipse pro animabus
» vestris. (1) » Sa sollicitude s'étendait aux enfants et aux vieillards, aux pauvres et aux riches, aux malades et aux bien portants. Quels merveilleux développements ont pris, sous son administration, toutes les œuvres essentielles à la vie et à la prospérité d'une grande paroisse ! Je ne puis m'arrêter qu'à quelques-unes.

En arrivant, il trouva la paroisse pourvue d'excellentes écoles de filles et de garçons. Il aimait particulièrement la collaboration des bons frères de la Doctrine chrétienne et des sœurs du Saint-Sacrement. Et malgré l'entière confiance qu'il avait dans les uns et les autres, on le voyait fréquenter assidûment les classes, voulant dès le bas âge, autant que possible, nourrir lui-même sa famille spirituelle du lait de la saine doctrine, et ajouter encore dans l'esprit des enfants, aux sentiments de respect et de docilité envers leurs maîtres et maîtresses. Jamais il ne fut exclusif ou partial, et il se plaisait à fréquenter avec une égale affection les écoles laïques, petites ou grandes, aimant à y répandre les mêmes biens et à y multiplier, dans la même mesure, les influences salutaires de la religion.

Sous M. d'Alais nous avons vu, grâce à l'initiative de son frère ainé, M. Théodore, les écoles des petites filles, auparavant mal aérées, trop étroites et sans lieu de récréation, transférées là où elles sont aujourd'hui, dans le vaste couvent des anciennes Ursulines, construit pour cette destination, avec beau jardin et magnifiques ombrages. La maison paternelle de MM. d'Alais devenait ainsi, au point de vue spirituel et doctrinal, la maison paternelle d'une moitié des enfants d'adoption du bon pasteur. L'établissement put recevoir là tous ses développements naturels. On a pu y réunir l'école gratuite

---

1. II Cor. xii. 15. Et encore, Paray n'a pas été le seul théâtre des bienfaits de M. le curé. Il a doté Volesvres, son ancienne paroisse, d'une école de religieuses, et, de concert avec M. Edmond d'Alais, son frère, il a largement contribué à la construction de l'église.

pour les pauvres, les écoles payantes pour la classe aisée et un pensionnat. Pour ne pas déranger tout ce petit monde, M. d'Alais s'était astreint à y venir tous les jours, à une heure, faire le catéchisme, et il y a été fidèle jusqu'à la fin de sa vie.

L'instruction religieuse pour tous se donnait comme ailleurs à la paroisse, tous les dimanches. Les prédications de carême et, de temps en temps, une mission venaient compléter l'enseignement paroissial. Mais cela ne pouvait suffire au zèle ardent du bon M. Théodore. Stimulé par les instances de ce frère bien-aimé, M. d'Alais, dès le commencement de son ministère à Paray, se concerta avec l'aumônier de l'hôpital, mon prédécesseur et mon frère, qu'il connaissait de vieille date. Ensemble ils établirent dans la chapelle de l'établissement hospitalier, le service important de l'évangélisation des pauvres et des âmes de bonne volonté. L'œuvre fut avec empressement sanctionnée par l'administration épiscopale, qui voulut l'encourager en accordant la bénédiction du très saint Sacrement après les instructions du soir. Quand la divine Providence m'a fait la grâce de m'amener à ce poste béni, il y a vingt-sept ans, j'ai trouvé les choses sur ce pied ; et depuis trente-cinq ans, il y a eu à l'hôpital, et pour tous, instruction familière à la messe des dimanches et fêtes ; deux jours de la semaine en Avent, tous les jours du Carême et tous les jours du mois de Marie. C'est pour moi une douce confiance de penser que ces âmes si chères, si intelligentes des besoins du pauvre et de l'indigent, reçoivent dans le ciel leur récompense, suivant la promesse de Dieu : « Qui elucidant me, » vitam æternam habebunt. » (1)

Contrairement aux aspirations de M. Théodore d'Alais (2),

---

1. Eccli. XXIV, 31.
2. En toutes choses il y a le pour et le contre. L'opposition de M. Théodore venait de son amour des pauvres et de tous les déshérités. Il pensait que la population du Grand-Faubourg allait trop perdre pour la pratique des devoirs religieux. On ne pouvait évidemment sacrifier l'intérêt des pauvres malades, même à de si regrettables considérations.

M. le curé s'est toujours montré favorable à la translation de l'hôpital, de l'île de la Bourbince, entre les deux ponts, au lieu si convenable et si salubre où il est maintenant installé. Son appui, comme celui de M. Edmond d'Alais, son second frère, qui était membre de l'administration hospitalière, a été décisif pour faire aboutir ce grand dessein qui était si visiblement l'œuvre de la divine Providence et la glorieuse justification de la parole de notre Bienheureuse, encourageant, il y a deux siècles, les restaurateurs de cet antique établissement, et leur donnant l'assurance qu'il prospérerait au-delà de toutes prévisions. Jamais prophétie n'a été mieux accomplie que celle-là. C'est que la gloire de notre petit Hôtel-Dieu devait précéder la béatification de Marguerite-Marie qui était prochaine, et éclater bientôt, à son honneur, aux regards de la multitude des pèlerins du Sacré Cœur de Jésus. En mémoire de son mari et pour suivre l'élan de son propre cœur, la noble veuve de M. Edmond d'Alais a ajouté un beau fleuron à cette première œuvre de foi et de charité, en y amenant un asile pour les vieillards.

Si la translation et l'accroissement de l'Hôtel-Dieu de Paray nous apparaît comme un signe de la béatification prochaine de Marguerite-Marie, et un prélude de ce que j'ai appelé plus haut la grande mission de M. d'Alais, cela est vrai à plus forte raison de la transformation du sanctuaire des divines Apparitions, vers 1856.

Il a fallu tout le talent de M. l'architecte Berthier, pour opérer cette transformation sans rien détruire. Et nous avons vu ici ce que j'ai eu le bonheur de contempler deux jours à Lorette, où la *Santa Casa* de Nazareth, apportée par les anges, a reçu un manteau de marbre blanc, chargé de sculptures dues au génie de plusieurs artistes éminents. Mais ce riche manteau, par respect, ne touche pas même aux parois extérieures de la maison où le Verbe s'est fait chair par l'amour de nous, et à l'intérieur, elle se montre dans toute sa simplicité antique, chargée des baisers et des larmes des pèlerins de l'univers et de tous les siècles.

Ainsi devait-il en être du sanctuaire où le Verbe fait chair est venu tenter un dernier effort de son amour, et montrer son Cœur pour gagner les nôtres. Sous ce revêtement de pierres taillées, sous ce riche dallage et ces voûtes surbaissées, sous ces peintures et ces dorures, on a voulu et on a su conserver les murs, le plafond, le chœur des sœurs et tout l'ensemble de la chapelle de 1670. La foi y retrouve donc, et la piété peut y vénérer les grands souvenirs de la prise d'habit et de la profession de la Bienheureuse, le théâtre de ses contemplations et des divines Apparitions et l'endroit précis où elle fut exposée, couronnée de fleurs blanches après son décès, aux regards émus des fidèles.

Je ne fais que signaler ce digne acte de préparation. L'histoire et la description en ont été données ailleurs.

Peu après la transformation de la chapelle des divines apparitions, on se mettait aux travaux de consolidation et de réparation de l'église paroissiale. A la fin de juillet 1853 elle avait reçu la visite de M. le comte de Montalembert, aussi distingué comme archéologue qu'illustre comme écrivain et orateur. Il fut vivement épris de la grave beauté de l'édifice bénédictin, passa plus de trois heures à l'étudier, et dit en sortant : « Quel bel édifice ! Mais il a besoin de réparations
» urgentes, dont la dépense ne saurait être inférieure à quatre-
» vingt mille francs. » Dix jours après le ministère allouait quarante mille francs pour cette destination, à condition que la ville fournirait une somme égale. Personne ici n'y avait songé ; personne ne regarda d'abord la chose comme possible. M. de Montalembert était donc aussi l'envoyé de Dieu pour préparer les voies aux incomparables manifestations du Sacré-Cœur, qu'il était impossible de prévoir alors telles que nous les avons vues. Comme il aurait été heureux de les voir et d'en jouir lui-même !

M. d'Alais a eu ce bonheur ; et nous avons vu tout son zèle et sa joie, toutes ses instances et ses sacrifices pour assurer et hâter la transformation du temple dont la vaste enceinte était destinée à suppléer à l'insuffisance matérielle du sanctuaire de la Visitation, et devait s'ouvrir à la multitude innombrable des pèlerins et aux pompes solennelles de la sainte Église, accourue, dans sa détresse, aux sources du pur amour. C'est alors qu'on put, par un travail savant et hardi, soutenir en l'air les deux vieilles tours du porche, pendant qu'on en refaisait les fondations et les piliers. C'est alors qu'on rouvrit au peuple chrétien cette porte royale, condamnée et murée depuis le vandalisme incendiaire du protestantisme.

On me dira : mais ce n'est pas M. d'Alais qui a fait ces choses-là. — Je le sais ; j'avouerai même qu'il n'y a pas songé *a priori*. Mais il a été appelé à voir toutes ces grandes choses se réaliser sous son administration, avec son applaudissement et son généreux concours. L'honneur de tout ce qui se faisait, dans cet ordre de choses, sur sa paroisse, doit rejaillir sur lui. Les grands succès d'une armée se rapportent au chef. La prospérité et l'éclat d'un règne sont attribués au souverain. On dit le siècle de Périclès, le siècle d'Auguste, le siècle de Léon X. Hors de là, il n'y a que désordres, défaites et abaissements.

Passons à un autre ordre de préparation aux grands desseins de Dieu sur notre ville. Quand M. d'Alais prenait possession de sa cure, en 1846, la cause canonique de Celle que nous ne pouvions encore saluer que du titre de *Vénérable*, traînait en longueur depuis le 30 mars 1824. Dieu le voulait ainsi : son heure n'était pas venue ; ses instruments n'étaient pas prêts.

L'avénement de Sa Sainteté le pape Pie IX, la même année, vint tout à coup imprimer aux choses et aux personnes un irrésistible essor. Le grand pontife signait le décret sur l'héroïcité des vertus, le 23 août 1846. Il ordonnait en même temps d'activer l'examen des procédures sur les miracles ; et il semblait, dans une audience du 2 avril 1858, se plaindre que les médecins faisaient trop attendre leurs rapports. Dans la joie de son âme, il signait enfin le décret favorable, le 24 avril 1864. Le 24 juin suivant, Sa Sainteté signait un dernier et décisif décret, qui permettait de préparer les solennités de la béatification, dans Saint-Pierre de Rome et à Paray.

Chacun sait ici la part que M. d'Alais prenait à toutes ces joies et à toutes ces espérances. Toutes les cloches de son église et des chapelles de la ville furent mises en branle quand la poste apporta directement de Rome à la Visitation le texte du décret sur les miracles, qui resta ce jour-là exposé sur l'autel majeur de la paroisse.

Un peu plus tard, M. d'Alais occupait, à l'ouverture du tombeau par Mgr Borghi, délégué de Rome, et Mgr de Marguerye, évêque d'Autun, la place qui convenait à son titre et à sa piété.

Nous l'avons vu également prendre une part active à toutes les longues procédures subsidiaires, et bientôt aux fêtes incomparables de la béatification, en juin 1865. On peut en lire le détail, qui serait ici déplacé, et en voir le tableau dans la quatrième édition de mon *Histoire populaire* de la Bienheureuse, de la page 326 à 350, et de la page 368 à 399.

C'est dans ces grandes circonstances qu'on put saisir et apprécier les voies de la divine Providence. Elle avait préservé de toute autre élévation et réservé pour cette ville celui de ses enfants qui, par sa fortune, son esprit, sa distinction, ses relations, sa générosité et sa piété, pouvait seul être au niveau de pareilles circonstances et faire honneur à sa ville natale, au diocèse et aux hôtes illustres de toutes qualités et conditions, dans le siècle et dans l'Eglise, qui nous sont venus de partout.

Sur ces entrefaites, arrivent nos grands malheurs de 1870 et 1871. M. d'Alais, tout entier à son ministère de paix, qu'il sut toujours si bien comprendre au milieu de nos tristes divisions, n'eut pas de peine à se montrer le pasteur de tous. Sans rien sacrifier de sa dignité et de ses affections, il sut se faire tout à tous, conservant ses relations antérieures et méritant l'estime et l'affectueux respect des nouvelles autorités, auxquelles il apporta toujours le plus affectueux concours, pour le bien de la paroisse. Que de bien matériel et moral il a fait à ce peuple qu'il n'a jamais voulu abandonner, et qui lui garde tant de reconnaissance pour son affection et ses services !

Mais voici que de tous les points de l'horizon s'élèvent des cris de détresse. A qui recourir? A quel saint se rendre? C'est alors qu'on se rappelle, dans toute la France, les consolantes promesses du sacré Cœur de Jésus. Il avait autrefois demandé une église à Paris, pour être plus à la portée de la grande cité et de ses habitants. Sa voix avait été méconnue ou écoutée trop tard. Des champs de bataille on fait le vœu sacré de l'élever enfin sur la montagne des martyrs. Mais, en attendant, tout se précipite, et Paris même, vers le lieu béni qui sera toujours le Bethléem du divin Cœur, ou, comme on l'a déjà écrit, le Sinaï de la loi d'amour ; et, « remplis de l'esprit de » grâce et de prière, ils ont fixé leurs regards sur celui qu'ils » ont transpercé sur la croix, et ont pleuré comme sur la » mort d'un fils unique. Ils y sont venus de toutes contrées, « hommes, femmes et enfants. » (1)

Voilà bien ce que nous avons vu de nos yeux, goûté avec notre cœur ! Voilà bien l'annonce de nos mémorables pèlerinages de 1873, qui se continuent en partie chaque année, et en détail chaque jour.

Il fallait un coryphée à ce solennel et céleste mélodrame : qu'on me passe cette expression profane, mais si juste. Il fallait un chef à ces chœurs divers ; il fallait un guide autorisé et qui fût par ses qualités au niveau de la situation, et capable de faire un accueil convenable aux processions nombreuses et respectables qui allaient accourir de toute part.

Tel a été le rôle providentiel et la mission spéciale de M. d'Alais. A l'heure où un pèlerinage devait arriver à la gare, il s'y trouvait en habit de chœur, avec son clergé, la croix et les enfants de chœur. Après les saluts et les premiers compliments échangés, la procession s'organisait et se mettait en marche, avec des chants sacrés ou à la récitation du chapelet. Chaque

---

1. Zachar. XII, 20 et 11.

— 14 —

pèlerinage avait ses chefs et son autonomie. M. d'Alais savait, au même degré, pourvoir à tout pour leur utilité, et s'effacer ensuite discrètement. J'ai toujours admiré, et les dignitaires de l'Eglise comme les chefs des pèlerinages, j'en suis sûr, ont admiré pareillement la tenue si digne, la rare modestie et la piété exemplaire de M. le curé de Paray.

A l'église, il assistait aux exercices, mais à la dernière place et souvent debout dans la foule des prêtres.

Il recevait ensuite généreusement à sa table les prélats et les directeurs des pèlerinages, qui ont pu souvent apprécier sa noble générosité, son savoir vivre, son instruction si étendue et si variée, et son expérience des hommes et des choses de son siècle.

C'est donc surtout depuis 1873, et journellement, que chacun a pu juger combien un homme de cette valeur aurait fait faute à son pays, si Dieu n'avait pris soin de le lui ramener de Paris, de Rome et de l'évêché d'Autun; si lui-même l'avait moins aimé.

Je ne puis, on le conçoit aisément, entrer dans aucun détail. Ceux qui voudraient se rappeler les grandes choses auxquelles M. d'Alais a pris tant de part, n'ont qu'à relire le beau volume que le R. P. Dugas leur a consacré.

La béatification de la bienheureuse Marguerite-Marie, et les grands pèlerinages au sanctuaire des apparitions du Sacré-Cœur ont été pour la paroisse de Paray une source de bénédictions temporelles qui ont réjoui le cœur de l'excellent père de cette famille chrétienne. Il avait vu se multiplier les voies ferrées qui devaient amener les pieux pèlerins là où, il y a trente ans, on ne voyait aucun intérêt terrestre qui pût y faire songer. Il a vu, depuis, la situation des pauvres et des ouvriers considérablement améliorée, leurs habitations assainies, les rues embellies, de belles et importantes usines établies, le travail et les salaires augmentés.

A ces biens purement matériels sont venus s'ajouter ceux de l'honneur. Y a-t-il beaucoup de pasteurs de petites villes qui aient vu dans leur église tout ce qu'a vu M. d'Alais dans la sienne, jusqu'à une consécration épiscopale ? Y en a-t-il beaucoup qui aient vu deux enfants de leur paroisse et dont ils auraient dirigé le jeune âge, arriver à la sublimité épiscopale et occuper des siéges illustres comme ceux de la Rochelle et de Clermont ? Y a-t-il beaucoup de paroisses qui aient donné à la religion et à la chaire chrétienne des hommes de la valeur du R. P. Souaillard, des Frères Prêcheurs ?

Il y en aurait bien d'autres à citer dans les rangs élevés de la magistrature et de l'armée, qui ont été les brebis spirituelles de M. d'Alais avant de devenir de grands serviteurs de la France. Mais cela suffit pour justifier le mot de l'Ecriture, que « la piété est utile à tout, ayant reçu la promesse des » biens de la vie présente et de la vie future (1). » Je viens donc aux fruits immédiats et surnaturels de la béatification et des pèlerinages.

Accourus de toutes parts sous le ciel si visiblement béni de Paray, les heureux pèlerins s'en retournaient chez eux en se disant comme les disciples d'Emmaüs : « Notre cœur ne se » sentait-il pas rempli d'ardeur dans le sanctuaire des divines » apparitions, quand il était en communication avec le Cœur » de Jésus ? » D'autres allaient plus loin, et disaient avec saint Pierre : « Seigneur, il fait bon ici ; si vous le voulez, nous y » fixerons notre tente. » Et c'est ainsi qu'on a vu se développer cette belle efflorescence de l'esprit religieux et de la vie parfaite sur notre sol, depuis dix ans. Les ordres anciens et les jeunes congrégations sont venus puiser aux sources du Sauveur, et ont désiré avoir sur la paroisse de Paray une place qui fût à eux, où ils pussent venir, naître, s'accroître ou se retremper dans la pratique des vertus parfaites.

Les premiers ont été, c'était assez naturel, les compagnons d'armes du vénérable Claude de la Colombière, qui ont établi

---

1. Pietas ad omnia utilis est, promissionem habens vitæ quæ nunc est et futuræ. (I. Tim. IV, 8.)

ici, en 1873, une simple résidence, changée depuis en maison de probation ou de troisième an, pour la France. Quand un postulant entre dans la Compagnie, il fait d'abord deux ans de noviciat, après lesquels il est employé, pendant huit ou dix ans, dans les divers ministères de la prédication, de l'enseignement, de l'étude ou des missions. Puis il est appelé à redevenir novice comme au début, pendant un an. Ne dirait-on pas que cet ordre de choses a été inspiré à saint Ignace par ce passage de l'Evangile où Notre-Seigneur déclare à Nicodème que pour avoir la vue pleine et entière du royaume de Dieu, il faut renaitre de nouveau; que pour avoir entrée au royaume de Dieu et y conduire les autres, il faut renaitre de l'eau et du Saint-Esprit, c'est-à-dire purifier et perfectionner de plus en plus son âme et la remplir du feu divin que Jésus-Christ a répandu sur son Eglise au jour de la Pentecôte.

C'est cette troisième année de noviciat qui se fait à Paray, depuis trois ans, dans le secret du Sacré Cœur de Jésus.

A la suite des révérends pères de la Compagnie de Jésus et presque au même temps, sont venues les Dames de la Retraite, de la rue du Regard, à Paris, sous le nom de *Dames de la Retraite au Cénacle*; expressions qui signifient parfaitement la nature de leur œuvre, laquelle est de se sanctifier elles-mêmes dans le silence et la retraite, et de contribuer à la sanctification des fidèles, en recevant dans leur maison, isolément ou collectivement les personnes du monde et de partout, qui veulent se recueillir ou rentrer en elles-mêmes, pour se rapprocher de Dieu.

Un peu plus tard sont venues, à leur tour, les Tertiaires ou oblates séculières du R. P. R....., qui élèvent quelques orphelines et étendent au dehors l'action des dames cloîtrées.

Un grand monastère de filles de saint François d'Assise, qui fut donné ici pour patron à notre Bienheureuse, s'élève à l'extrémité de la colline des Grenetières, et va donner au monde le grand et utile spectacle de la vie cachée en Dieu et de la pauvreté et mortification de Jésus-Christ.

Depuis plus d'un an le personnel de cette œuvre d'expiation est en activité dans un local provisoire. Quelques grains de froment venus du Périgord se sont multipliés sur notre sol bourguignon, et déjà la moisson s'annonce belle et abondante.

Mgr Thomas, évêque de la Rochelle et Saintes, a fait don de sa maison paternelle, avec bel enclos, aux religieuses des Saints-Anges, qui ont l'intention d'y transférer leur noviciat et leur orphelinat. Il entre aussi dans leurs vues d'y offrir un asile aux grandes dames qui, sans se faire religieuses, désirent mener une vie vraiment pieuse et retirée.

Les frères Maristes, qui n'avaient que deux provinces en France, celle de Lyon et celle de Paris, en ont créée une troisième, il y a quelques années, en chapitre général. Cette nouvelle province doit embrasser le centre et l'ouest de notre malheureuse patrie. Son chef-lieu n'est pas encore définitivement fixé. On a longtemps pensé à Paray, qui aurait reçu le chef et l'administration de la *province du Sacré-Cœur*. Trois fois on est venu étudier le terrain et chercher un emplacement favorable. L'avenir nous dira si cet établissement nouveau est dans les desseins de Dieu.

On a pensé aussi à fonder une œuvre catholique auprès de Notre-Dame de Romay, et j'ai des raisons de croire que ce dessein n'est pas abandonné.

Il y a place pour tous sous le beau ciel du Val-d'Or. Le Sacré-Cœur a été ouvert à tous ; il est assez riche pour nous enrichir tous de ses dons spirituels. Nul n'a mieux compris cela que M. d'Alais ; nul n'a mieux accueilli tous ces établissements divers.

Mais, ces établissements, pas plus que ceux qui pourraient surgir, ne viennent pour diviser ou absorber cette belle paroisse que M. d'Alais a laissée dans l'état florissant où il l'avait reçue. C'est la perle du diocèse du Sacré-Cœur, il ne faut pas qu'elle en soit distraite. C'est pourquoi Sa Grandeur Mgr Perraud, originaire, par Madame sa mère, de cette ville de Paray, et descendant directement du frère de notre Bienheureuse, a, dès les premiers jours de son épiscopat, sollicité et obtenu de S. S. le pape Pie IX, que notre église paroissiale fût dédiée et consacrée au Sacré-Cœur et érigée en basilique mineure : honneur insigne qui l'élève au niveau des premières églises de Rome et que lui envient presque toutes les églises, même cathédrales, du monde entier.

Pour répondre dignement à la munificence sacrée du souverain Pontife, le grand évêque a fondé dans cette insigne basilique une collégiale de chapelains, dont M. d'Alais, curé de la ville, et archiprêtre du canton, aura à tout jamais été le premier doyen.

La mission des huit chapelains est de mettre, dans la basilique, la splendeur du culte au niveau d'un si noble titre, et de répandre dans le diocèse le feu divin qui consume le cœur de Jésus : « Ignem veni mittere in terram, et quid volo nisi ut accendatur? »

De là un double établissement, attaché comme deux ailes d'archanges aux flancs de la basilique : le corps des chapelains missionnaires et le collége communal et ecclésiastique, servant de maîtrise, sous la direction de l'un des chapelains.

M. d'Alais, au milieu de tous ces établissements nouveaux, aussi bien que des anciens, qui remplissent sa paroisse, était heureux comme le patriarche Jacob au milieu de ses douze enfants. Il n'avait pour tous indistinctement que des bénédictions et des services affectueux.

Mais sa tendresse la plus vive était pour cette famille sacerdotale pleine de bonne volonté et d'avenir, que Dieu lui avait donnée et dont il a été le premier doyen. Nul aussi, je le crois, n'a mieux compris et réalisé que lui cette parole du Sauveur : « Laissez venir à moi les petits enfants. » Son esprit semblait s'ingénier à leur adoucir les labeurs de l'étude et l'absence de leurs mères. Sa maison semblait être plutôt à eux qu'à lui. Il les récompensait et encourageait en leur prodiguant les plus généreuses douceurs. Son visage était

rayonnant de bonheur quand il pouvait être au milieu d'eux
en récréation ou à la promenade. Sa jeunesse semblait alors
renouvelée comme celle de l'aigle, selon la belle et touchante
expression de l'Ecriture : « Renovabitur ut aquilæ juventus
tua (1). » Et puisque nous en sommes à l'image de l'aigle, à
propos des petits enfants, recueillons encore ce beau passage
du Deutéronome (2), où les soins de la tendresse divine sur
son peuple expriment si dignement la tendresse de M. d'Alais
pour ses petits collégiens : « Comme l'aigle qui provoque ses
petits à voler, et voltige autour d'eux, il a étendu ses ailes, et
il l'a pris, et il l'a porté sur ses épaules. »

Il y a dans la vie des hommes une heure décisive pour
leur avancement dans la voie de la perfection et du salut. Elle
est ordinairement signalée par une épreuve, et suivie, si le
chrétien est fidèle, d'un progrès rapide et souvent éclatant
dans la vertu. Il n'est pas rare que ce soit l'annonce d'une fin
prochaine.

Cet ordre de chose semble indiqué dans les trois termes d'un
verset des psaumes de David : « Benedictionem dabit legis-
» lator ; — ibunt de virtute in virtutem ; — videbitur Deus
» deorum in Sion » (3). Dieu le souverain législateur donne
sa bénédiction ; celui qui la reçoit fidèlement marche de vertus
en vertus ; bientôt il voit le Dieu des dieux dans Sion, c'est-
à-dire le seul vrai Dieu dans le ciel.

Telle a été la conduite de la divine Providence sur M. le curé
de Paray ; et telle, la correspondance du bon pasteur à l'invite
de Dieu.

La fidélité de M. d'Alais embrasse, on l'a vu, toute sa vie,
qui a été constamment édifiante et au niveau de son saint état.
Mais, il y a sept ans, il eut son épreuve particulière ; pourquoi
ne dirai-je pas sa tentation ? le fils de Dieu a bien eu la
sienne. Au début de sa passion il a daigné laisser voir que

1. Psal. CII, 5.
2. Chap. XXXII, 11.
3. Ps. LXXXIII ; 8.

son âme n'était pas inaccessible à la tristesse et à la crainte ; et saint Paul nous dit de lui : « Tentatum autem per omnia » pro similitudine absque peccato. » (1)

Donc, après nos grands pèlerinages, et lorsque, à leur suite, il fut question de voir élever l'église de Paray à la dignité de basilique, de la consacrer au Sacré-Cœur et d'y attacher une collégiale de chapelains dont il serait le doyen-né, M. d'Alais conçut tout d'abord quelques alarmes. Craignait-il que l'élévation de son église n'entraînât la sienne ; ou bien que la nouvelle institution ne vînt modifier totalement la pratique de son ministère pastoral, et le sortir de ses habitudes de paix, de modestie et de dévouement personnel ? — Je ne sais ; mais je puis constater le fait de la première impression, que j'ai connue et dont plusieurs n'ont pas eu de peine à s'apercevoir.

Cette épreuve ne dura pas longtemps : bientôt M. d'Alais reprit la confiance que rien ne serait changé à sa situation ; qu'il pourrait vivre et mourir dans sa simplicité professionnelle, bien que sa paroisse dût croître et devenir le centre d'un bien immense pour le diocèse, et d'une haute renommée dans l'Eglise entière. Il remit toutes choses et se remit lui-même entre les mains de Dieu. Ce *Fiat* lui rendit une sérénité et une paix intérieure qui ne l'ont plus quitté.

Depuis ce moment, je me plaisais à contempler ses grandes ascensions dans la pratique des vertus parfaites : « Ascensiones » in corde suo disposuit » (2). C'était bien, hélas ! le signe de sa fin prochaine et l'annonce de la grande récompense promise au serviteur fidèle : « Ero merces tua magna nimis » (3). Mais qui aurait pu en soupçonner la soudaineté ?

Le mercredi des Cendres 11 février dernier, en sortant de l'office du matin, où il avait prêché sur la mort et invité son peuple à la pénitence, M. d'Alais venait à l'hôpital, se con-

1. Hebr. IV ; 15.
2. Psal. LXXX ; 6.
3. Gen. XV ; 1.

fesser, comme il avait coutume de faire très exactement tous les huit ou dix jours. Sa santé ne laissait rien à désirer ; et j'eus lieu d'admirer, au cours de la conversation, le courage avec lequel il acceptait les privations du carême et les travaux exceptionnels de son ministère pastoral, en ce saint temps.

La nuit suivante, M. le curé se trouve indisposé. Il se lève pourtant dès le grand matin, mais il sent qu'il n'aura pas la force de se réserver pour la messe des funérailles de l'une de ses plus respectées et plus aimées paroissiennes, Mme Ferdinand Bouillet de la Faye, dernière héritière du nom et des armes des Vauban. Il vint y assister, mais il fut obligé de se retirer bientôt. Il revint une seconde fois et dut se retirer encore avant la fin. C'était son suprême adieu à sa chère basilique !

Obligé de s'aliter, M. d'Alais, dans la plénitude de son intelligence, qu'il a conservée jusqu'au dernier soupir, et avec ses connaissances médicales, mesura de suite toute l'étendue du mal et se considéra comme au terme de sa vie. Nullement troublé de cette perspective, il se contenta de dire : « La » volonté de Dieu soit faite ! Je suis préparé. »

Et quand l'heure sera venue, c'est lui-même qui demandera une dernière absolution et le saint Viatique à l'un des deux jeunes prêtres qui se trouveront à son chevet, disant : « Je » me suis confessé, il y a trois jours ; et je n'ai rien qui » m'inquiète. » Il fut fait selon son louable désir. Poussant à l'excès, dans cette occasion, le sentiment d'esquise délicatesse qui l'a toujours distingué, lui, si empressé à courir la nuit comme le jour, à la campagne comme en ville, au chevet de ses malades, craignit de déranger inutilement son confesseur, au milieu de la nuit ; et il s'empressait ensuite de lui faire savoir ce qui s'était passé et le motif dont il s'était animé, par une sœur hospitalière venue pour le servir.

Je rapporte volontiers ces circonstances, parce que j'y vois un trait caractéristique, un exemple admirable et presque digne de figurer à côté de la réponse célèbre de saint Louis de Gonzague à saint Charles Borromée. (1)

M. le curé de Paray avait donc l'habitude louable de faire chacune de ses actions comme si c'eût été la dernière de sa vie, puisque, voyant soudain venir la mort, il peut se déclarer prêt à la recevoir avec une humble soumission à la volonté de Dieu. En quoi, sans y penser, il faisait de lui-même le plus beau panégyrique qu'il soit possible de faire d'un chrétien et d'un prêtre.

M. d'Alais n'a été malade que huit jours, toujours calme et édifiant au milieu de ses souffrances. On le voyait, on l'entendait prier sans cesse ; et ces paroles qu'il avait dites dès le premier moment : « La volonté de Dieu soit faite, » étaient comme le refrain de sa prière. Il dit une fois à quelqu'un qui lui parlait de guérison : « Je ne sais si ce serait pour mon plus grand bien. » Il voulut être recommandé aux prières de ses paroissiens, qui se pressaient plus nombreux que d'ordinaire à la prière du soir, dans l'espoir d'avoir des nouvelles officielles de l'état de ce père bien-aimé. Quand il eut reçu les sacrements, il ordonna, pour remplir le devoir de l'édification, de les en avertir et de leur demander de prier encore pour lui quand il ne serait plus. Il écrivit son testament spirituel en ces termes : « Je recommande mon âme à Dieu et à son infi-
» nie miséricorde. J'ai confiance dans le Cœur de Jésus, le
» Cœur immaculé de Marie et la Bienheureuse ; » et il expira le jeudi matin, à l'heure de l'*Angelus*. Le glas, bien que prévu, jeta la consternation dans tous les cœurs. Pendant deux jours toute la population se précipita, accablée de douleur, autour du lit de parade et de la chapelle ardente.

1. Saint Charles vient au Collége romain surprendre, en récréation, la jeunesse studieuse qui se groupe autour de lui. Il demande à ces petits jeunes gens ce qu'ils feraient si un ange venait leur dire qu'ils vont mourir. — J'irais me confesser, dit l'un. Moi, dit un autre, je ferais une confession générale avant de recevoir le saint Viatique. — Et vous, dit saint Charles au jeune Louis de Gonzague, qui avait gardé le silence, que feriez-vous ? — « Je continuerais ma partie et je tâcherais de la gagner. » — Voilà ce que c'est que bien faire toutes choses.

Les funérailles eurent lieu le samedi, à dix heures. Toute description serait impossible, toute narration au dessous de la vérité et des sentiments. La veille, aux vêpres des morts, la basilique était pleine comme aux plus grandes solennités. Le samedi, à la messe, elle était trop petite et la foule débordait de toutes parts. La population entière de la ville et de la campagne était sur pied. Un grand nombre de personnes amenées de Volesvres et de Charolles par la mémoire du cœur grossissait la foule des fidèles paroissiens.

Malgré la circonstance doublement gênante du samedi et d'un samedi de carême, soixante-dix prêtres étaient accourus de tous les points du diocèse. A la tête de ce nombreux clergé on remarquait le vénérable prédécesseur de M. d'Alais à Paray et son successeur à Charolles, le très digne provicaire de l'arrondissement, un grand vicaire délégué de Mgr de Dreux-Brézé, évêque de Moulins, et un grand vicaire d'Autun, archidiacre de Charolles, qui était venu présider les funérailles au nom de Mgr l'Evêque, et se faire l'interprète de la douleur commune.

Dans les rues, le cortége, par sa longueur et par la présence du reste des habitants, groupés à l'entrée des rues transversales, rappelait l'entrée et le passage de nos plus brillants pèlerinages.

M. d'Alais repose à l'entrée de la chapelle de Notre-Dame, la paroisse primitive de Paray, en attendant qu'il vienne prendre, dans la chapelle même, possession d'un monument convenable, que l'affection filiale et la reconnaissance de tous sont autorisées à lui élever au milieu de sa famille spirituelle.

Qu'il repose en paix et recueille sa part des bénédictions et des bienfaits qu'il a répandus sur tous, pendant ses trente-quatre ans de ministère pastoral.

F. CUCHERAT,
Ch. hon., aumônier de l'hôpital.

www.ingramcontent.com/pod-product-compliance
Lightning Source LLC
Chambersburg PA
CBHW060721050426
42451CB00010B/1558